Senderos de ciudad y alma

Mateo Vázquez Buján

Senderos de ciudad y alma

Primera edición: 2024

ISBN: 9791387602048
ISBN eBook: 9791387602529

© del texto:
  Mateo Vázquez Buján

© del diseño de esta edición:
  Caligrama, 2024
  www.caligramaeditorial.com
  info@caligramaeditorial.com

Impreso en España – Printed in Spain

"Ver la lluvia a través de letras invertidas".

Poemas de la oficina,
Mario Benedetti.

CAMINOS CERRADOS

I

Lo confieso: he vomitado un hombre.
Su piel tiene la textura de una sombra,
su voz sangrante es silencio.
Horror, pánico, he escupido un hombre.
Me estrangula,
es él quien por las noches
me golpea,
me insulta,
es él quien descuartiza mi boca cuando quiero sonreír.
Lo confieso:
entre temblores y náuseas
mi mente ha parido un hombre.
Un hombre que está siempre presente,
está en mis sueños y mis despertares,
en el desayuno, las lecturas,
en los paseos y los divagares.

Le odio, le aborrezco,
con una ira pegajosa y fluorescente.
Creo que sé dónde vive,
hoy acabaré con él.
Lo confieso:
soy un hombre.

II

Últimamente soy adicto a romper cristales.
Hago trizas copas, ventanas y vitrinas.
A veces me da por morder rascacielos;
mis dientes los despedazan, trituran el metal y el hormigón.
A veces cuando duermo me despierto
roto de furia, vengativo;
sin motivación para mi ira,
por eso me enfurezco.
De vez en cuando
me da por fumar las bocinas,
el humo,
los neumáticos.
Más de una vez me he sorprendido
a mí mismo vomitando relojes.
Quizás esté enfermo,
quizás sea la ciudad la que lo esté.
Qué más da,
si todo tiembla.

III

Estoy chapoteando,
me ahogo.
En un charco de vómito,
vómito rojo.
Un vómito con náuseas amarillas
y flemas rojas o quizá naranjas.

Vi un pozo y pensé:
«Quizá,
quizá sea esta la puerta al cielo».
No sé si lo es,
solo sé que ahora hay cucarachas
subiendo por mi espalda
y mis piernas y brazos.
Ya están en mi garganta,
ya las noto, ya las siento;
estoy chapoteando.
Me ahogo.

IV

Quítate esa máscara.
Sé que estás enfermo.
Arranca, destroza esa máscara.

Hay algo,
lo sé, lo dudo
pero lo creo;
hay algo detrás de esas sucias máscaras.
Detrás de esa máscara de ceniza,
de esa máscara de agua,
de agua de desierto sin agua,
de agua seca.

Es,
tiene que ser un antifaz, una careta;
no puede ser
venas, carne y hueso.

Yo subiendo abajo.
Subiendo cada vez más abajo,
más profundo.

Hay un autobús lleno de gente,
lleno de gente que no se mira;
sus cuerpos se rozan,
ellos tocan, ven y huelen
pero están lejos,
muy lejos.

Están en un cine vacío,
entre hileras de risas de plástico.

Huele a frío,
huele a mar ardiendo.
Todo es un mar violeta,
y es el violeta un objeto
y no es y a la vez lo es todo.

Porque hay,
hay en esas estrechas,
interminables calles;
entre semáforos y neones y bocinas
un hombre masticando cristales.
Su lengua se va desgarrando,
ya no tiene encías,
solo dientes.

No,
él no tiene ojos
ni boca.
Él tiene oídos
para que de una máscara
susurros le desangren,
le revienten el tímpano.
Él no sueña con ganar la lotería,
sueña con una dosis de cicuta.

No grites,
no gimas,
deshazte de esa careta,
mira:
se está derritiendo tu máscara.

V

Ama la fama y fuma anonimato.
¿Quién? La triste.
Un viento morado enturbia su frente
y su mente, consecuentemente,
escupe sangre.

Dicen que hizo de la monotonía bótox,
de la envidia maquillaje,
de su vacío rojo pintalabios
y desfigurado fue su rostro
por un cruel e impío monstruo:
el orgullo.

VI

Su carne está podrida,
verde,
gusanos salen de su nariz
y entran por su boca,
es devorado por los bichos lentamente.
Cuatro días lleva,
otros tres pasarán hasta que alguien
sospeche,
y llame
y tiemble.

Otros tres días pasarán
para que esté a oscuras
en la peor jaula de todas,
bajo tierra.
Más abajo aún,
más abajo de donde se llora,
de donde se ríe y se jura y se mata;
más abajo, mucho más abajo.

Le habían dicho en la escuela:
«Si pecas, irás al infierno».
¿Dónde está eso?
Está abajo, bajo las entrañas de la tierra.
Abajo,
muy abajo,
donde el calor abrasa y todo es oscuro
y no podrás salir.
Nunca.

Es pues este el infierno,
estoy abajo,
muy abajo,
a oscuras y el calor derrite y la eternidad pesa.
Porque no saldré nunca,
porque estoy abajo,
en las raíces de la tierra.

VII

Son de hielo.
De un hielo caliente, agobiante y pegajoso
son mis sueños.
Mis sueños
y mis comidas;
mis paseos,
abrazos,
lecturas,
despertares
y divagares
son de hielo.

VIII

En el reflejo de sus ojos
una cascada de sangre ayer
manó de sus labios, pero la provocó una
mano ajena.

IX

Un desierto
lleno de bocas, narices, manos y pies;
un terrible desierto.
No hay espacio,
no hay hueco para moverse,
todo está abarrotado de esquinas;
lleno de gafas, zapatos, relojes y sombreros.
Un silencio de bocinas;
una quietud de movimiento,
de constante movimiento
en este desierto de hormigón.

X

Hay dos tipos de personas:
las que están y las que no están.

Unos
si pasean, pasean;
si comen, comen;
si ven una película, la ven de verdad.

Otros
si ríen, por dentro lloran;
si lloran, por dentro ríen;
si pasean, si comen,
si ven una película,
están realmente lejos,
muy lejos.
Una distancia que no se mide en kilómetros,
se mide en días, en meses, en años.
No están hoy,
no están ahora.
Si están viendo una película
por dentro,
en lo hondo,

en lo muy hondo
no están aquí,
no están ahora.
Pueden estar
diez años atrás,
en una discusión,
en un fallo.
Pueden estar dos meses antes
cambiando el pasado,
decidiendo cómo debería haber sido.
Pueden estar en el futuro,
en el qué pasará;
pueden incluso prescindir del tiempo
y estar en otro lado,
en otro mundo.
Es posible
que nunca hayan pisado este suelo,
que nunca hayan caminado realmente por este planeta.
Es posible,
es posible que simplemente no sean,
que no existan;
es posible que no hayan nacido.

XI

Ridiculiza de hierba una sola brizna
solamente por ser ella pura
al más alto rascacielos de hormigón,
que no nació donde se alza,
que fue a traición plantado
por un fingidor, impostor y mentiroso
que el peor de los crímenes ha perpetrado,
terriblemente llamado «parricidio».

Única raza depredadora de sí misma,
único ser que quema su tierra
por un objeto tan falso como despiadado;
un trozo de papel por el que cada uno de estos judas mataría.
El mundo ha parido al hombre.
El hombre ha cometido un parricidio.

Son descuartizados los árboles para reencarnarse en folios;
son raptados los metales y separados de su hogar
para despertar no convertidos en cucarachas como Gregor
Samsa,
sino en tuberías, latas y tornillos.
Son el cobre y el estaño
casados a la fuerza sin conocerse ni ser siquiera preguntados,
para volverse cacharros y estatuas
en la alegría de sus opresores.

Llora el monte y el agua y el bosque
al verse rodeados de los cadáveres de sus hermanos,
les arrancan fértil tierra
y ven de vuelta un desierto desangrado.
De su propio cuerpo se venga el hombre,
algo terrible le ha de haber hecho;
tiembla Marte y Júpiter tiene miedo,
el Sol, iracundo, se arranca los ojos,
ha presenciado un parricidio.

CAMINOS ABIERTOS

I

Levántate,
trabaja,
compra esto
y esto también,
ve esta película,
compra,
compra nuestro producto,
paga,
hipoteca,
paga a plazos,
compra,
paga,
levántate;
decide.

Es frenético el ritmo,
tantas cosas,
tantísimas cosas y solo una es
importante:
cierra los ojos.
Recuerda que con los ojos abiertos estás durmiendo,
es todo ficticio, no es real.

Cierra,
cierra los ojos y conecta con la realidad,
tantas cosas y solo una es importante.
Respira,
no eres lo de fuera,
eres lo de dentro,
lo que está en lo hondo:
las raíces.
Tantas cosas,
tantísimas cosas y solo una,
solo una es importante.

II

Es extraño y misterioso el camino,
un camino que nunca se acaba,
que se acaba cuando te acabas tú.
Pero vale la pena,
merece la pena recorrerlo,
es la única vía para comprender algo.

El camino se bifurca,
los límites entre un sendero y otro son confusos, borrosos.
Puedes llegar muy lejos,
demasiado lejos,
pero tu cuerpo está quieto,
pues no hay planeta más grande que tu alma.
Es un viaje hacia dentro,
hacia lo profundo.
Las raíces del ser,
las raíces del no ser,
las raíces del mundo.
Es fácil perderse,
a veces es difícil regresar
cuando abres los ojos.
Es extraño y misterioso el camino
que se interna en lo hondo.

III

Las corbatas están cansadas;
ruido, mucho ruido.
Los relojes están estresados;
rápido, demasiado rápido.
Muchas, demasiadas bocinas
y coches y edificios.
Demasiados ordenadores y relojes.
No tengo tiempo, tengo prisa;
humo, mucho humo.
Y demasiados relojes.

Hay,
hay en algún lugar de Nepal
una vela en la oscuridad
y dos jóvenes monjes poniendo en práctica las enseñanzas de Buda.
En algún lugar de Nepal donde no hay relojes, ni corbatas, ni bocinas;
donde hay silencio.
Solo Silencio.

Hay,
hay en alguna estación de metro,
en medio de ruido y corbatas y relojes,
una mente en silencio;
en medio de rapidez y ruido y rapidez
hay una mente tranquila,
una mente profunda,
una mente en paz.

IV

No estás buscando, estás huyendo.
La esencia del paisaje es la misma,
la esencia de la gente es la misma,
y tú,
sobre todo tú,
eres el mismo.

Todo lo que tienes que conocer,
a lo que te tienes que enfrentar,
te persigue.
De nada sirve huir,
de nada sirve viajar
miles de kilómetros para nada.
La odisea que te espera
no se mide en kilómetros,
se quedan cortos.

Conócete a ti mismo y conocerás
las nubes,
las pistolas,
los volcanes,
los anhelos,
las caricias,
los cuchillos,
las sombras;
conócete a ti mismo
y serás el dueño de todo.

Percibo la noche somnolienta,
los árboles perezosos,
la lluvia incansable,
a través de mí mismo.
De mis ojos.
De mis orejas.
De mi piel.
Percibo
los lamentos,
el dolor ajeno,
el dolor propio,
a mi espíritu bailando,
a mi espíritu vomitando,
a través de mi cerebro.
De mi alma,
a través de mí mismo.

Así que me conoceré a mí mismo
y conoceré el mundo y todas sus esquinas.
Cada mota de polvo
y cada suspiro,
lo conoceré todo
porque me conoceré a mí mismo.

V

Demasiadas opciones,
demasiadas oportunidades
y libertades y posibilidades.
Demasiadas decisiones a cada segundo.
Demasiada tecnología,
tantos caminos que se bifurcan,
tan fácil equivocarse.

Tan difícil prestar atención a lo importante
y tantas distracciones fuera.
Tantos relojes y publicidad y pantallas,
tan difícil cerrar los ojos.

Tantos frentes a la vez,
tantos caminos.
Se roza todo,
pero no se entra en nada,
solo se ve la superficie del mundo.
No se llega a lo hondo,
a las raíces.

¿Hay algo más bello que una vela en la oscuridad?
Todo es tan frenético,
tantas distracciones,
tantas posibles sendas
y solo una cosa es importante;
cierra los ojos.

VI

Lo confieso:
soy un asesino
despiadado y cruel.
He matado,
he matado al silencio.

Una habitación blanca.
Insonorizada.
Allí lo veré,
allí encontraré a ese susurro huidizo,
allí encontraré al silencio.
Una parte de mi cuerpo —la oreja—
se acercará,
vislumbrará.
Se hará un idea —algo remota—
de cómo puede ser la nada,
mi oreja
rozará la nada.
El silencio.

Dejo de oír el exterior.
Ya no oigo pasos, rumor del agua, ramas contra el viento;
pero el silencio aún huye.
Oigo mis latidos,
mi respiración,
el fluir de mi sangre por mis venas.
Mi propio sonido me ahoga.
Será que no estoy preparado para estar conmigo mismo,
para estar con el silencio.
Será que no existe,
será que es una quimera,
una mera sombra, una invención;
será que he matado al silencio.

VII

Estoy en un supermercado de congelados,
no en una misión secreta en Hong Kong.
Es una parada de autobuses,
no un portal ultradimensional.
Ahora voy a comprar el pan,
no a un viaje interplanetario.

No,
no es la vida una película,
es mejor.
Porque se puede sentir la plenitud haciendo la compra,
la completa paz esperando al autobús
y una gratitud desbordante en la cola de la panadería.

No,
no soy una marioneta para entretener al público en sus butacas;
soy un ser humano.
No tenemos superpoderes,
ni naves espaciales,
ni artefactos mágicos.
Somos hombres,
tenemos
una dimensión espiritual;
y con eso basta.

VIII

Nos gusta gustar,
quizá sea ese el problema.
Quizá nos disguste demasiado no gustar.
Por qué gustar,
por qué buscar un confirmación externa;
eres tú.

O quizá sea el problema comparar
y baste con parar
de mirar a los demás.
Quizá sea hora de mirar dentro,
de mirarte a ti.

O quizá
no haya problema.
Sí, eso es,
no hay problema;
solo intenta no confundir lo de dentro con lo de fuera,
lo que eres
con el porqué lo eres.
No hay problema.
¿Quién? Tú.

¿Para qué? Para los demás.
No contra,
no versus,
para;
tu espíritu para el mundo.

IX

Es Epiménides un hombre de Atenas
que afirma que son todos los atenienses unos mentirosos.

Si dice la verdad, entonces miente.
Si miente, dice entonces la verdad.
¿Te han avergonzado, lógica?
¿Te han desnudado, realidad?
¿O es nuestra capacidad de entenderte la ofendida?
¿Ha acaso vencido al mundo la bendita paradoja?

He viajado en el tiempo,
he matado a mi abuelo.
Por tanto, no habré nacido
y no lo habré matado, y habré entonces nacido y lo habré
matado;
y estaremos los dos a la vez vivos y muertos.
Sí y a la vez no,
en una misma palabra y a un tiempo.
Son las paradojas,
las benditas paradojas
que ponen al mundo contra las cuerdas
las que mejor explican la realidad.

Son y a la vez no son,
porque estoy vivo y a la vez muerto;
y la palabra «vivo» significa lo que piensas y otras millones de
cosas más.
Porque son las paradojas,
las benditas paradojas,
la única realidad que no se contradice.
Vamos,
mírate al espejo.
¿Tan seguro estás de ser una única unidad?

¿Es realmente la paz paz?
¿O es la paz la más cruenta de las guerras?
¿Es la única constante el cambio?
¿Y qué es eso de que perdiendo se gana, de que la mejor forma
de encontrarte es perderte y que se aprende errando?
Dime de una vez,
si tan seguro estás de ser una única unidad,
de que no sea tu vida una paradoja,
una bendita paradoja.

X

Hace al amor el Everest
con una servilleta usada,
qué maleducada y efímera se la ve.
Insultante, insolente y asquerosa,
y basura, no es más que basura.

Qué imponente y divino se ve el techo del mundo,
dicen que quien lo contempla no vuelve a ser el mismo.
Es algo que nos desborda, que desborda al mismo cosmos;
es un monumento a lo monumental.

Sin embargo,
es menester comprender que
no es más importante la cima soñada
que el papel arrugado.
Todas las montañas
y las pistolas
y los besos
y los pensamientos y los despertares
y las estrellas y las ambiciones;
todas las cosas
están en la servilleta,

que es a su vez todo una unidad.
Indivisible.
Comprimida.
Única.
Indispensable para el todo,
porque es el todo.
Es la servilleta usada
y manchada
y arrugada,
fabricada para limpiar la boca de un niño durante su merienda
de un día cualquiera;
una obra de arte,
bella en sí misma;
es el propio concepto abstracto de belleza
y de bien y de justicia.
Entiende la complejidad de la servilleta usada
y comprenderás el mundo.

Ya se oye,
ya se siente a lo lejos
al mundo haciendo el amor con una servilleta usada;
al mundo que es
una servilleta,
una servilleta usada.

XI

No es solo el alma de los hombres,
no solo el hombre piensa,
no piensa solo el hombre las cosas;
también las cosas piensan al hombre.

Todos piensan lo mismo cuando están ante una pistola.
Todos sienten lo mismo cuando contemplan una puesta de sol,
la inmensidad del mar
o un bellísimo trabajo arquitectónico.
O por el contrario
también el alma de todos coincide
cuando ven un asesinato,
un vómito,
un incendio.

Son esas cosas
las que piensan al hombre;
no está pensando él,
es un engaño,
está siendo pensado.
También tiene la belleza alma
y la muerte y el horror y la duda.

Y quizá son el mar y el Sol y el incendio los que se unen para
formar el alma.
¿O será el alma la que los crea?
¿Será mi alma la que planta vida en un mundo desierto?
¿O será simplemente el mundo mi alma?
Entonces no sería alma más que un sinónimo de cosmos.
Y no sería el cosmos más que un sinónimo de todo.
Pero no tiene sentido hablar de todo si no hay un nada,
y la muerte es la nada que pone fin al todo,
y es la muerte el eterno paréntesis
que pone fin a mi alma.

Índice

Caminos cerrados

Caminos abiertos